AF248126

GÉNÉALOGIE

DE LA FAMILLE

DU ou DE PRAËL

SEIGNEURS DE MORSALINES, RAVENOVILLE,
HIESVILLE, SURVILLE, BLOSVILLE, CUSSY, LA CHAMPAIGNE,
LES HOUGUEDIÈRES, LE SAULX ET COURDEVESQUE,
BARONS DE LA HOGUE,
VICOMTES D'AVRANCHES, DE MOULINS, BONSMOULINS
ET ESSAY, COMTES DE SURVILLE

EN NORMANDIE

d'après les documents conservés à la Bibliothèque Nationale

PAR

THÉODORE COURTAUX

PARIS

CABINET DE *L'HISTORIOGRAPHE*

(Recueil de notices historiques sur les familles)

Rue Trézel, 4

—

1904

GÉNÉALOGIE

DE LA FAMILLE

DU ou DE PRAËL

SEIGNEURS DE MORSALINES, RAVENOVILLE,
HIESVILLE, SURVILLE, BLOSVILLE, CUSSY, LA CHAMPAIGNE,
DES HOUGUEDIÈRES, LE SAULX ET COURDEVESQUE,
BARONS DE LA HOGUE,
VICOMTES D'AVRANCHES, DE MOULINS, BONSMOULINS
ET ESSAY, COMTES DE SURVILLE

EN NORMANDIE

d'après les documents conservés à la Bibliothèque Nationale

PAR

THÉODORE COURTAUX

PARIS

CABINET DE *L'HISTORIOGRAPHE*

(Recueil de notices historiques sur les familles)

Rue Trézel, 4

—

1904

Sources auxquelles cette notice généalogique sur la famille du Praël a été puisée :

Bibliothèque Nationale : *Pièces Originales* 2369, cote 52208. *Dossiers Bleus* 542, cote 14183. *Carrés de d'Hozier* 512, fol. 187-298. *Nouveau d'Hozier* 274, cote 6287. Manuscrit français 32116, n°s 14 et 63 (Preuves de page pour la Petite Ecurie du Roi).

Les autres sources se trouvent indiquées dans le corps de la notice.

DU ou DE PRAËL

SEIGNEURS DE MORSALINES, RAVENOVILLE, HIESVILLE,
SURVILLE, BLOSVILLE, CUSSY, LA CHAMPAIGNE,
LES HOUGUEDIÈRES, LE SAULX ET COURDEVESQUE,
BARONS DE LA HOGUE
VICOMTES D'AVRANCHES, DE MOULINS, BONSMOULINS
ET ESSAY, COMTES DE SURVILLE,
EN NORMANDIE.

ARMES : *d'argent au chevron de sable, accompagné de trois trèfles du même.* Couronne : *de comte.*

La famille du Praël[1] est originaire de la vicomté de Valognes. Elle a été anoblie par Charles VII en 1432, en considération des services qu'elle avait rendus, antérieurement à cette date, pendant la guerre de Cent Ans. Elle a été confirmée ou maintenue dans sa noblesse par le Roi ou ses commis-

---

1. La forme la plus ancienne et la plus commune du nom de cette famille est du Praël ; ce n'est que, dans la seconde moitié du XVIIIe siècle, par altération et l'usage, que le nom se trouve écrit de Praël.

saires et intendant en 1464, 1556, 1578, 1624 et 1666.
En 1749 et 1753, elle a fait des preuves de noblesse
pour les pages de la Petite Ecurie du Roi. Sa filia-
tion a été établie, d'après les nombreux documents
conservés à la Bibliothèque Nationale et énumérés
en tête de cette notice, à partir de :

I. JEAN DU PRAËL, dit Pymor, seigneur de Hiesville[1] et qui fut anobli, sans finance, par lettres
de Charles VII de décembre 1432, enregistrées à la
Chambre des Comptes, à Bourges, le 19 desdits
mois et an, « en consideration des grands et
recommandables services qu'il avoit rendus au
Roy, tant sur mer que sur terre, dans les guerres
contre les Anglois ».

Le mandement suivant de Charles VII du
16 juillet 1436 se rapporte bien à Jean du Praël, dit
Pymor.

« Charles, par la grace de Dieu roy de France, a
« nostre amé et feal president de noz comptes
« l'evesque de Laon, general conseiler sur le fait
« et gouvernement de noz finances en nostre païs
« de Languedoc, salut et dileccion. Nous voulons
« et vous mandons que, par nostre amé et feal
« tresorier et receveur general de nos dictes finan-
« ces, maistre Macé Heron, vous, des deniers de
« sa recepte, faites paier et delivrer à nostre amé
« sergent d'armes Jehan du Preel, dit Pymor,
« escuier, maistre de navire, la somme de quinze
« cens livres tournois pour la moitié de la somme
« de III^M livres tournois, en quoy nous lui som-

---

1. Hiesville, com. de la Manche, cant. de Sainte-Mère-Eglise, arr. de
Valognes.

« mes tenuz, tant pour le reste de la somme de
« x^M royaulx d'or, à quoy avoit esté japieça ap-
« poinctié de nostre part et fait marchié avecques
« lui pour fournir de certein navire qu'il a mené
« ou royaume d'Escoce afin d'en ramener, dedans
« le nostre, nostre treschiere et tresamée fille la
« dauphine, comme aussi pour la somme de
« IIIe royaulx d'or que nous lui avions ordonnée
« et donnée pour consideracion de plusieurs dom-
« maiges et interestz qu'il avoit euz et soustenuz
« acause de ce qu'il avoit sejourné oudict royaume
« d'Escoce par l'espace de six moys plus qu'il ne
« devoit et n'estoit tenu. Et par rapportant ces
« dictes presentes avecques quictance sur ce souf-
« fisant dudit Pymor tant seulement, ladicte somme
« de quinze cens livres tournoys sera alouée ès
« comptes et rabatue de la recepte dudit maistre
« Macé par noz amez et feaulx gens de noz comp-
« tes, ausquelz nous mandons que ainsi le facent,
« sans contredit aucun, non obstant quelxconques
« ordonnances, mandemens et deffenses à ce con-
« traires. Donné à Tours, soubz nostre seel ordonné
« en l'absence du grant, le XVIe jour de juillet l'an
« de grace mil CCCC trente et six et de nostre regne
« le XIIIIme.

« Autresfoiz ainsi signé : par le Roy en son
« Conseil J. Chastenier et rescripte par l'ordon-
« nance du grant conseil.

« *(Signé)* D. PENON. »

(Original sur parchemin. Bibliothèque Nationale.
Pièces originales 2374, cote 53277, n° 2.)

Jean du Praël, dit Pymor, fut père de :

1° *Richard*, qui suit.

2° *Guillaume* DU PRAËL, père de *Guillemine* du Praël qui épousa, par articles ratifiés devant Lengloys, notaire à Avranches, le 22 févr. 1455 (1456), *Jehan* DE LA COURT, seigneur de Toney.

II. *Richard* DU PRAËL, écuyer, vicomte d'Avranches, rendit à Avranches, le 24 juil. 1450, une sentence par laquelle il mandait au premier sergent requis de mettre à exécution, contre Colin Pigace ou ses héritiers, une autre sentence attachée à la précédente et, en cas d'opposition, d'assigner les parties à jour compétent devant ledit vicomte ou son lieutenant.

Richard du Praël, écuyer, seigneur de Morsalines[1] et de Hiesville, acquit, le 29 juin 1452, devant Jehan Ledault, tabellion au siège de la Haye-du-Puits, en la vicomté de Carentan, un fief ou membre de fief, assis en la paroisse de Ravenoville[2], de Robert de Chantelou, sieur dudit lieu.

Richard du Praël est qualifié écuyer, vicomte d'Avranches, dans un acte des assises de cette ville tenues par Richart Guyhoumar, lieutenant général de noble et puissant seigneur Odet d'Aidie, écuyer d'écurie du Roi et son bailli de Cotentin, du 3 décembre 1455.

Le 8 avril 1456, Richard du Praël, écuyer, et Jehanne de Verdun, sa femme, sous le sceau des obligations de la vicomté d'Avranches, devant Jehan de la Fresnaye, tabellion en ladite vicomté, transigèrent avec les religieux, abbé et couvent du

---

1. Morsalines, com. de la Manche, cant. de Quettehou, arr. de Valognes.

2. Ravenoville, com. de la Manche, cant. de Sainte-Mère-Eglise, arr. de Valognes.

Mont Saint-Michel, au sujet d'un procès entre les parties pour raison d'une vavassorie nommée l'Hôtel du Manoir, tenue et possédée par Alain Girault, et que chacune des parties soutenait être tenue et relever d'eux, à savoir lesdits religieux à cause de leur baronnie d'Ardevon et lesdits du Praël et sa femme à cause de leur fief assis à Tanne (*sic*).

Le 14 juil. 1456, Richard du Praël acheta à sa nièce Guillemine 100 sols de rente, du nombre de 25 livres restant de la dot de cette dernière.

Le 19 oct. 1458, les doyen et chapitre de l'église d'Avranches donnèrent quittance à Richard du Praël, écuyer, vicomte d'Avranches [1], dans les termes suivants :

« Noverint universi nos decanus et capitulum
« ecclesie abrincensis habuisse et recepisse a
« sapienti et provido viro Ricardo du Prael, armi-
« gero, vicecomite abrincensi, pro et nomine
« capellani capelle sanctorum Nicolaï et Juliani,
« confessorum, in ecclesia predicta fundate, som-
« mam septem librarum cum decem solidis turo-
« nensium, pro termino beati Michaelis in Monte
« Gargano ultimate preterito, de qua summa septem
« librarum cum decem solidis turonensium nos
« decanus et capitulum predicti quictamus dictum
« vicecomitem et omnes alios quorum interest. In
« cujus rei testimonium presentem quictanciam
« sigillavimus proprio sigillo nostro. Actum et
« datum anno Domini millesimo quadringentesimo

---

1. Nous n'avons trouvé aucun document dans lequel Richard du Praël est qualifié vicomte d'Avranches en même temps que seigneur de Morsalines et de Hiesville, en sorte qu'on peut supposer qu'il a existé deux personnes différentes portant à la même époque les mêmes nom et prénom.

« quinquagemiso octavo, die decima nona mensis
« octobris. » (Original sur parchemin, jadis scellé.
Bibl. Nationale. *Pièces originales*, reg. 2369,
cote 52208, n° 3).

Le 22 nov. 1458, Richard du Praël, fils et héritier
de défunt Jehan du Praël, rendit foi et hommage
de son fief ou membre de fief noble de Morsalines,
mouvant de la terre de Beuzeville, à haut et puissant seigneur le comte de Tancarville.

Le 15 janv. 1458 (1459), devant Michel Le Febvre,
tabellion royal à Carentan, Richard du Praël,
écuyer, fils et héritier de défunt Jehan du Praël,
tant en son nom que se faisant fort de Guillemine
du Praël, sa nièce, et de Jehan de la Court, mari de
cette dernière, transigea avec Perrin Bellet, fils de
Joret Bellet, au sujet de certains héritages assis en
la sieurie de Hiesville et vendus audit Joret Bellet
par noble Robert de Chantelou, avant le transport
dudit fief de Hiesville audit défunt Jehan du Praël.

En 1464, Richard du Praël, élu d'Avranches, fut
inscrit parmi les nobles de la vicomté d'Avranches,
par Rémon Montfaut, commissaire du Roi en
Normandie.

Le 7 mars 1468 (1469), noble homme Richard du
Praël, écuyer, seigneur de Morsalines, obtint une
sentence des assises de Valognes, rendue par Guillaume Poisson, lieutenant général du bailli de
Valognes pour haut et puissant seigneur Mgr le
comte de Roussillon, amiral de France et seigneur
dudit Valognes, et portant main levée de la saisie
de sondit fief de Morsalines, en conséquence des
hommage et dénombrement qu'il avait rendus à
haut et puissant seigneur Mgr le comte de Tancarville, duquel ce fief relevait.

Comme nous l'avons vu plus haut, Richard du Praël épousa *Jeanne* DE VERDUN; il en eut :

1° *Jehan* DU PRAËL, prêtre, qui, le 30 août 1478, devant Thomas Le Loup et Guillaume Ogier, tabellions au siège de Sainte-Marie-du-Mont, partagea avec ses frères, Jehan et Jacques du Praël, écuyers, les fiefs, terres, héritages, rentes et revenus, à eux échus par la mort de leurs père et mère, entre autres les fiefs de Morsalines et de Hiesville.

2° Autre *Jehan* DU PRAËL, écuyer, seigneur de Hiesville et de Morsalines qui, le 14 mars 1500 (1501), devant Ogier et Michaux, tabellions de Sainte-Marie-du-Mont, amortit 100 sous tournois, faisant partie de 14 livres de rente, promises, tant par lui que par Jacques du Praël, écuyer, son frère, à Guillemette du Praël, leur sœur, en traitant le mariage de celle-ci avec Robert d'Yvetot, écuyer, seigneur de Rond-Bisson, et sur la succession de Richard du Praël, leur père, en son vivant écuyer, seigneur de Hiesville.

Jean du Praël, dont la veuve épousa en secondes noces Jacques de Pouilly, s^r de Tréauville, fut père de :

A. *Jacques* DU PRAËL, écuyer, seigneur de Morsalines et de Ravenoville, qui épousa, par contrat du 29 février 1518 (1519), passé devant les notaires d'Audouville, *Marie* DE FONTENY OU FONTENIL, fille de défunt Mathieu de Fontenil, écuyer, s^r de Cantepie. La future se maria de l'avis et consentement de divers parents et amis, entre autres noble et discrète personne Jean de Fonteny, son oncle, licencié en chacun droit, official de Bayeux.

De cette alliance naquit :

Jacques DU PRAËL, écuyer, s^r de Durescu [1].

---

1. Durécu, hameau de la Manche, com. de Saint-Vaast, cant. de Quettehou, arr. de Valognes.

B. Anne du Praël, mariée, par articles sous seings privés du 19 juin 1513, à *Jehan* Suhart, écuyer, sʳ du Loison.

C. *Guillemette* du Praël, épouse de *Jean* Ferrant, écuyer, sʳ des Mares.

3° *Jacques*, qui suit.

4° *Guillemette* du Praël qui, avant le 14 mars 1500 (1501), fut unie à *Robert* d'Yvetot, écuyer.

5° *Louise* du Praël, femme de *Guillaume-Marin* de Couvert, le 11 nov. 1474, dont Guillaume de Couvert, sʳ de Sottevast, le 22 déc. 1520.

6° *Françoise* du Praël, femme de noble homme *Noël* Le Clerc, écuyer, de la paroisse de Crasville, en 1485, 1498.

III. *Jacques* du Praël, Iᵉʳ du nom, écuyer, seigneur de Morsalines et de Ravenoville, qui, le 30 août 1478, partagea avec ses frères Jehan et autre Jehan. Il fut père de :

1° *Jacques*, qui suit.

2° Autre *Jacques* du Praël qui, le 8 mai 1500, obtint des lettres de confirmation et de tonsure.

3° *Guillaume*, dont l'article suivra celui de son frère Jacques.

4° et 5° *Marie* et *Marguerite* du Praël qui, par articles du 10 mars 1519 (1520), reconnus, le 5 mai 1523, devant Jehan de Beaudevis et Jehan Caillemer, tabellions à Carentan, épousèrent, la première noble personne François Levesque, sʳ de Fontenay, la seconde Robert Levesque, probablement frères. Le père des futures promit auxdits Levesque de « vestir « et accoustrer leursdites filles, tant de corps que de

« teste, bien et honorablement, selon la maison dont
« elles sont et celle où elles vont, et de leur payer la
« somme de 600 livres tournois pour don here-
« dital ».

6° *N...* DU PRAËL, qui fut la femme de *Robert* SYMON,
s^r du Buisson.

7° *N...* DU PRAËL, épouse de noble homme *Guillaume*
FERRANT, s^r des Mares.

IV. *Jacques* DU PRAËL, 2e du nom, écuyer, seigneur de Morsalines et baron de la Hogue, le
14 mai 1513, ayant été fondé de procuration de son
père, offrit au bailli de Varenquebec ou à son
lieutenant général aux assises de cette ville, tenues
à Beuzeville, de bailler foi et hommage ainsi
qu'aveu et dénombrement du fief et sieurie de
Morsalines.

Le 17 mars 1537 (1538), devant Jehan Poisson et
Thomas Hurel, tabellions à Valognes, nobles personnes Jacques du Praël, seigneur de Morsalines
et baron de la Hogue, et Guillaume du Praël, son
frère, sgr de Ravenoville, firent un accord par lequel
il fut convenu que ledit Guillaume du Praël au-
rait ladite terre et seigneurie de Ravenoville pour
ce qu'il pourrait demander en partage au sieur
baron de la Hogue son frère.

Le 1er mars 1539 (1540), les deux frères confir-
mèrent le précédent accord devant les mêmes
notaires.

Par lettres du 28 août 1543, Jacques du Praël,
sieur et baron de la Hogue, fut commis par messire Charles de Moy, chevalier, sieur de la Mailleraye, vice-amiral de France et lieutenant général pour le Roi au gouvernement de Normandie,

« pour faire remparer, fortiffier et mettre en estat
« deffensable les havres de descentes estans en
« l'estendue et ressort du siege de l'admirauté du-
« dit lieu de la Hogue et assister aux monstres que
« les officiers de ladite admirauté feroient faire,
« tant aux habitans dudit lieu que autres, pour
« estre prest de marcher soubz sa conduite et
« resister aux descentes des ennemis du Roy, s'ils
« s'efforçoient d'en faire. »

Par lettres patentes, en forme de commission,
adressées aux baillis de Rouen, Caen, Caux,
Cotentin, Evreux et Gisors, du 28 avril 1544, Jacques du Praël, baron de la Hogue, fut commis par
le Roi pour faire la répartition des deniers que le
Roi avait ordonné de lever sur les nobles du pays
et duché de Normandie.

Par lettres patentes du 8 déc. 1556, données à
Saint-Germain-en-Laye, signées : par le Roy en son
Conseil Robertet et scellées, Jacques du Praël,
sʳ de Hiesville, Jacques du Praël, sʳ de Morsalines,
et Guillaume du Praël, sʳ de Ravenoville, furent
confirmés dans la noblesse accordée à Jehan du
Praël, dit Pymor, leur ascendant direct.

Jacques du Praël, écuyer, baron de la Hogue
et de Morsalines, est inscrit pour une somme de
20 livres sur le rôle des nobles et noblement
tenants de la vicomté de Valognes, taxés pour le
service du ban et arrière-ban du bailliage de Cotentin, du 20 oct. 1567. (Bibl. Nat., mst français 24115,
fol. 15 recto).

Jacques du Praël, écuyer, seigneur de Morsalines, Surville, Ravenoville et autres lieux, baron de
la Hogue, épousa, par contrat du 9 mars 1523,
Marthe D'ESPINAY, fille d'Olivier, seigneur châ-

telain d'Espinay, des Hayes et du Bosc-Guéroult, chevalier de l'ordre du Roi, et de Jacqueline de Dreux, seconde femme de ce dernier, issue de Robert de France, comte de Dreux, 5ᵉ fils du roi Louis le Gros, et fille de Jacques de Dreux, seigneur de Morinville, et d'Agnès de Mareuil-Villebois. (Père Anselme, VII, 473. La Chesnaye-des-Bois, VIII, 415).

Jacques du Praël eut de son mariage :

1° *Marie* DU PRAËL qui épousa, par articles sous seings privés du 12 févr. 1540 (1541), noble homme *Guillaume* MARGUERIE, seigneur d'Estreham et de Colleville-sur-mer.

2° *Louis* DU PRAËL, écuyer, sieur de Morsalines, baron de la Hogue, qui transigea, en 1568, devant Collas Despine et Martin Jouan, tabellions à Morsalines, bailliage de Fécamp en Cotentin, avec André du Praël, son frère puîné, au sujet de la succession de leur père.

Par lettres du 18 oct. 1568, Louis du Praël, baron de la Hogue, fut commis, par le sieur de la Mailleraye, vice-amiral de France, à faire les montres et revues en armes de tous et chacuns les sujets du Roi, dépendant du port et côte de la Hogue.

Le 27 oct. 1572, Louis du Praël, baron de la Hogue, fut désigné par les nobles du Cotentin pour les représenter à l'assemblée des Trois Etats de Normandie, à Rouen, le 5 nov. suivant, avec pouvoir d'ouïr le vouloir et intention du Roi et faire lés remontrances et réquisitions indiquées.

Le 6 nov. 1577, Louis du Praël et André du Praël, son frère, sieurs de Morsalines et barons de la Hogue, furent taxés, par les commissaires ordonnés et députés par le Roi sur le fait des francs fiefs et nouveaux acquets, à Rouen, pour le ressort et duché de Normandie, à la somme de 315 livres, pour avoir négligé de justifier leur noblesse par lettres et titres. Mais, par jugement des mêmes commissaires du 25 nov. 1578, ils furent exemptés de cette taxe comme tenant noblement la seigneurie de Morsalines et la baronnie de la Hogue.

Par brevet du 28 févr. 1583, Louis du Praël, sʳ de Morsalines, fut fait capitaine garde-côtes de la Hogue, depuis la paroisse de Saint-Marcouf et autres circonvoisines, par Anne de Joyeuse, pair et amiral de France.

Le 18 août 1599, Charles de Montmorency, seigneur de Damville et de Méru, comte de Secondigny, vicomte de Melun, baron de Châteauneuf, amiral de France et de Bretagne, capitaine de 100 hommes d'armes des ordonnances du Roi, fit don de la charge et état de capitaine garde-côtes de la Hogue et des environs à noble homme Louis du Praël, sʳ de Morsalines.

3° *André* DU PRAËL, écuyer, seigneur de Morsalines et baron de la Hogue (1568-1578).

IV. *Guillaume* DU PRAËL, écuyer, seigneur de Ravenoville, de Cussy et de la Champaigne (troisième fils de Jacques du Praël, Iᵉʳ du nom, degré III, p. 12), épousa, par contrat du 7 janv. 1529 (1530), passé devant Pierre Challumel et Charles Enjouis, tabellions en la vicomté de Chesnebrun, noble damoiselle *Marguerite* DE TROUSSEAUVILLE, fille de noble et puissant seigneur Gilles de Trousseauville, seigneur de Chesnebrun, Saint-Christophe-sur-Avre, Gournay et Hellandes, et de noble damoiselle Renée de Hellandes ; parmi les témoins de cet acte, on remarque Jean de Trousseauville, curé de Notre-Dame de Verneuil ; 2° *Marie* BLONDEL, sœur de nobles hommes Jean et Jacques Blondel, s^rs de Catteville et d'Auréville.

Bien qu'il fût d'ancienne noblesse, à raison de ses prédécesseurs, et qu'il n'eût jamais dérogé, Guillaume du Praël, écuyer, s^r de Ravenoville, avait été condamné à 400 livres d'amende par maître Jean du Bosc, l'un des présidents en la cour des Aides de Normandie et commissaire ordonné par le Roi pour la recherche des francs-fiefs, sans que ledit du Bosc ait fait apparoir d'aucune commission. Par lettres données à Rouen, le 12 déc. 1556, le Roi manda au premier huissier de sa cour de parlement à Rouen d'ajourner ledit du Bosc pour réparer et faire réparer promptement ses torts envers ledit sieur du Praël.

Guillaume du Praël eut de sa première alliance :

1° *Robert* DU PRAËL, écuyer, seigneur de Ravenoville, qui, le 27 mai 1576, devant Guyon Le Grand et Etienne Rouget, tabellions à Montebourg, vicomté de Valognes, partagea avec ses frères, nobles hommes Jacques du Praël, seigneur de Cussy, de la paroisse de Saint-Marcouf, et Jean du Praël, seigneur de la Champaigne, la succession de leur père.

Et de sa seconde alliance :

2° *Jacques*, qui suit.

3° *Jean* DU PRAËL, écuyer, seigneur de la Champaigne, le 27 mai 1576.

4° *Cardine* DU PRAËL, non mariée à cette date.

5° *Catherine* DU PRAËL qui épousa, par contrat du 26 fév. 1609, noble homme Charles Collas, écuyer, s^r de Couyères, fils de François Collas, s^r de Venoix, et de Marie Hurel. (D'Hozier, *Armorial général de France*, reg. III, p. 462.)

V. *Jacques* DU PRAËL, 3ᵉ du nom, écuyer, seigneur de Surville et de Cussy, qui épousa, par articles du 9 mars 1588, reconnus le même jour devant Léonard Le Blond, tabellion en la vicomté de Saint-Sauveur-le-Vicomte, damoiselle *Marie* SYMON, veuve de noble homme Jean Le Roux, sʳ d'Ozeville, fille de noble homme Jean Symon, sʳ de la Haye et de Saint-Sauveur. Furent présents à ce contrat : Louis du Praël, sʳ de Morsalines, et André du Praël, seigneur et baron de la Hogue.

Le 1ᵉʳ juin 1615, devant Pierre Baudain et Richard Le Saillant, notaires du bailliage de Ravenoville, les biens de Jacques du Praël, seigneur de Surville et de Ravenoville, furent partagés entre ses fils, nobles hommes Arthur, Louis et Jacques du Praël, sieurs de Ravenoville, de Blosville (1) et des Houguedières, et Richard du Praël, leur frère, encore en bas âge et sous la tutelle de Marie Symon qui, de son mariage avec Jacques du Praël, avait eu :

1⁰ *Arthur* DU PRAËL, 1ᵉʳ juin 1615.

2⁰ *Louis* DU PRAËL, écuyer, seigneur et patron de Morsalines, y demeurant, qui, le 30 oct. 1624, à Valognes, obtint des commissaires députés par le Roi pour le régalement des tailles, réformation des abus commis au fait d'icelles et usurpation de noblesse en la généralité de Caen, acte de sa comparution et de la représentation qu'il avait faite de ses titres pour justifier son extraction et descente de noblesse, aux fins d'y être maintenu.

Louis du Praël épousa *Françoise* AVICE, veuve le 22 juil. 1649 et dont il eut :

---

1. Blosville, com. de la Manche, cant. de Sainte-Mère-Eglise, arr. de Valognes.

Jean DU PRAËL, sʳ de Ravenoville.

3° *Jacques*, qui continue la descendance ;

4° *Richard* DU PRAËL, sʳ du Saulx, sous la tutelle de sa
mère le 1ᵉʳ juin 1615 et vivant le 5 oct. 1656.

VI. *Jacques* DU PRAËL, 4ᵉ du nom, écuyer, seigneur de Surville, épousa, par contrat du 26 avril
1615, passé devant André Lescrivain, tabellion en
la vicomté de Valognes, et Michel La Mache, sergent, pris pour adjoint, damoiselle *Marie* LE
ROUX, fille de défunt noble homme François Le
Roux, sʳ d'Ozeville, et de Marie La Mache.

De cette alliance naquirent :

1° *Jean*, qui suit.

2° *Françoise* DU PRAËL, femme de *Jean* DE GOURMONT,
écuyer.

VII. *Jean* DU PRAËL, 2ᵉ du nom, écuyer, seigneur
de Surville et de Ravenoville, après la mort de son
père, est aussi qualifié vicomte de Moulins dans
les actes. Le 28 déc. 1636 il fut dispensé de l'arrière-
ban pour Jacques du Praël, son père, et Richard du
Praël, son oncle, par le sieur de Matignon, chevalier des ordres du Roi, conseiller dans ses conseils
d'Etat et privé, capitaine de 100 hommes d'armes de
ses ordonnances et lieutenant général pour Sa
Majesté en Normandie et de l'armée levée en cette
province, parce que ledit Jean du Praël servait
alors le Roi sous le commandement du duc de
Longueville, général de ladite armée.

Le 24 juillet 1642, suivant un certificat qui lui fut
délivré à cette date par Léonor-Antoine de Saint-

Simon, marquis de Courtomer, mestre de camp de cavalerie pour le service du Roi, il servait alors le Roi dans ce régiment en qualité de cornette, à la place de Jacques du Praël, écuyer, son père, et pour acquitter ce dernier du service de l'arrière-ban, dû au Roi.

Jean du Praël, écuyer, sieur de Surville, conseiller du Roi, vicomte de Moulins, fut maintenu dans sa noblesse par jugement souverain rendu, le 1ᵉʳ déc. 1666, par Mgr de Marle, chevalier, seigneur de Versigny, conseiller du Roi, maître des requêtes ordinaire de son hôtel, commissaire départi pour l'exécution des ordres du Roi et pour la recherche des usurpateurs des titre et qualité de noble en la province de Normandie, généralité d'Alençon.

Jean du Praël épousa 1° par contrat du 30 juil. 1642, passé au lieu de Courtomer, devant Léonard Daupeley et Jacques des Champs, notaires au siège dudit Courtemer, vicomté d'Alençon, *Marie* Le Beauvoisien, fille de Centurion Le Beauvoisien, sieur de Courdevesque et de Boisgeffrey, vicomte de Moulins et Bonsmoulins ; 2° par articles du 2 nov. 1675, reconnus, le 27 avril 1677, devant François Le Pelletier, tabellion au siège de Boucey en la vicomté d'Argentan, *Marguerite* de Noscey ou Nocey, fille aînée de feu messire Sébastien de Noscey, chevalier, seigneur et patron de Noscey, Lignou, Saint-Evroult, Fontenay et Larrey ou Larré, et de Françoise de Pommereuil. La future fut assistée à ce contrat de sa mère et de ses frères, messire Philippe de Noscey, chevalier, seigneur desdits lieux, terres et seigneuries, et Henry-Jean-Baptiste de Noscey, écuyer, retiré à l'Oratoire de Paris.

Le 27 oct. 1687, Jean du Praël, écuyer, sieur de Surville, rendit aveu et dénombrement d'une maison manable, nommée Surville, sise en la paroisse de Ravenoville et mouvante de la seigneurie de Ver, à messire Nicolas Berrier, chevalier, seigneur de Ravenoville et de Ver. Cet aveu fut reçu par Guillaume Hébert, sénéchal de la seigneurie de Ravenoville.

Le 25 juil. 1696, Jean du Praël, écuyer, sieur de Surville, demeurant ordinairement en la paroisse de Courdevêque, bailliage d'Alençon, acquit, pour la somme de 12,000 livres, des commissaires généraux du Conseil, députés par lettres patentes du Roi du 20 mai 1695, les domaines des vicomtés d'Essay, Moulins [1] et Bonsmoulins [2], consistant en prés, terres labourables, maisons, rentes et autres droits seigneuriaux et honorifiques, appartenant au Roi dans lesdites vicomtés, suivant la coutume de Normandie.

A la suite de cette acquisition, Jean du Praël, sieur de Surville, en sa qualité d'engagiste du domaine de la châtellenie de Moulins et Bonmoulins, eut un procès contre un sieur Féraut, conseiller en la Cour des Aides de Normandie, au sujet des droits honorifiques des églises de Mahéru et de Courdevesque, qui faisaient partie de la châtellenie de Moulins. Féraut, qui possédait quelques fiefs dans les paroisses de Mahéru et de Courdevesque, ayant voulu, sous ce prétexte, faire mettre ses titres et armoiries au dedans et au dehors des églises de ces deux paroisses, Jean du Praël

---

1. Moulins-la-Marche, cant. de l'Orne, arr. de Mortagne.
2. Bonmoulins, com. de l'Orne, cant. de Moulins-la-Marche.

s'opposa à cette entreprise pour la conservation des droits du Roi. La contestation fut portée, en 1697, au parlement de Rouen qui, le 4 août 1699, rendit un arrêt maintenant Féraut dans les droits honorifiques de ces églises et condamnant l'engagiste aux dépens. Jean du Praël demanda la cassation de cet arrêt, qui fut admise par arrêt du Conseil du 10 oct. 1699, lequel renvoya l'affaire au contrôleur général du Domaine « pour prendre par luy telles conclusions qu'il aviseroit pour l'interest du Roy », et c'est alors que Jean du Praël, dans l'intérêt de sa cause, fit imprimer le factum auquel nous empruntons les détails ci-dessus. (Bibl. Nat., *Recueil Thoisy* 136, fol. 61.)

Par arrêt du Conseil du 17 juil. 1703, Marguerite de Nocey, veuve dudit Jean du Praël, obtint, comme tutrice de leurs enfants mineurs, l'échange des droits honorifiques de la paroisse de Mahéru [1], dépendant de la châtellenie de Moulins, contre ceux de la paroisse de Courdevesque.

Jean du Praël, écuyer, s^r de Surville, et Marguerite de Noscey, sa femme, firent enregistrer leurs armes, de la façon suivante, dans l'*Armorial général de France : d'argent à un chevron de sable, accompagné de trois trèfles de même* (du Praël) ; *accolé d'argent à trois fasces de sable, accompagnées de dix merlettes de même, posées 4, 3, 2 et une* (DE NOSCEY). (Registre d'Alençon, p. 170. Manuscrit original de la Bibliothèque Nationale).

Jean du Praël eut de son second mariage :

---

1. Mahéru, com. de l'Orne, cant. de Moulins-la-Marche.

VIII. *Bernardin* DU PRAËL, Ier du nom, chevalier, seigneur de Surville, Moulins, Bonsmoulins, Courdevesque [1], né le 10 déc. 1686, ondoyé le surlendemain par Adrien de la Haye, curé de Courdevesque, reçut le supplément des cérémonies du baptême, le 20 juin 1689, en la chapelle de l'abbaye de Notre-Dame de la Trappe ; il eut pour parrain haut et puissant seigneur Bernardin Gigault de Bellefonds, premier maréchal de France, premier écuyer de Madame la Dauphine, chevalier de l'ordre du Roi, et pour marraine sa grand'mère maternelle, Françoise de Pommereuil, dame de Boucey.

Bernardin du Praël épousa, par contrat du 23 août 1732, passé devant Jean de la Croix et Charles Huet, notaires royaux en la vicomté d'Orbec pour le siège d'Abernon, damoiselle *Marie-Anne* DIRLANDE d'Abernon, fille unique et présomptive héritière de messire Jean-Baptiste Dirlande, chevalier, seigneur d'Abernon, le Palmé et autres lieux, chevalier de Saint-Louis, ancien capitaine au régiment d'Orléans-cavalerie, et de noble Marie-Anne Le Gras de Saint-Mards des Perriers.

Bernardin du Praël décéda le 16 déc. 1747 et, par sentence de Louis de Boullemer, sieur de Théville, conseiller du Roi, lieutenant au bailliage et siège présidial d'Alençon, ses deux enfants mineurs furent placés sous la tutelle de Marie-Anne Dirlande leur mère.

Bernardin du Praël eut de son mariage :

---

1. Courdevesque, actuellement hameau de l'Orne en la com. de Moulins-la-Marche, arr. de Mortagne.

1° *Bernardin*, qui suit ;

2° *Jean-Baptiste-Bernardin* DU PRAËL, dit le comte de Surville, chevalier de Saint-Louis, lieutenant-colonel d'infanterie et premier lieutenant au régiment des gardes françaises, naquit le 12 et fut baptisé le 16 août 1739 en la paroisse d'Abernon.

En 1753, il fit des preuves de noblesse pour être élevé page du Roi dans sa Petite Ecurie; il y fut admis, après avoir obtenu le certificat de noblesse suivant :

« Nous Louis-Pierre d'Hozier, juge d'armes de
« France, chevalier doyen de l'ordre du Roi, conseil-
« ler en ses conseils, maître ordinaire en sa Chambre
« des Comptes de Paris, généalogiste de la maison,
« de la chambre et des écuries de Sa Majesté, de
« celles de la Reine et de Madame la Dauphine, cer-
« tifions au Roi et à messire Henri-Camille, marquis
« de Béringhen, premier écuyer de Sa Majesté, che-
« valier commandeur de ses ordres, lieutenant géné-
« ral au gouvernement de Bourgogne et gouverneur
« des ville et citadelle de Châlon-sur-Saône, que
« Jean-Baptiste-Bernardin du Praël a la noblesse
« nécessaire pour être admis au nombre des pages
« que Sa Majesté fait élever dans sa Petite Ecurie,
« comme il est justifié par les actes énoncés dans
« cette preuve que nous avons vérifiée et dressée à
« Paris, le mardi vingt-sixième jour du mois de juin
« de l'an mil sept cent cinquante-trois.

« *(Signé)* D'HOZIER. »

Jean-Baptiste-Bernardin du Praël, en 1797, demeurait et possédait des biens à Orbec (Calvados); son émigration fut constatée le 15 ventôse an VI (5 mars 1797). (*Sixième supplément à la liste générale des émigrés*, p. 118. Bibl. Nat. La 34ᵇ).

Il avait épousé, le 17 nov. 1775, *Marie-Apolline-Simone* DE FRANCVAL, dont il eut :

Charles-Martin DU PRAËL DE SURVILLE, né le
7 juil. 1777.

IX. *Bernardin*, 2ᵉ du nom, dit le comte DU PRAËL
DE SURVILLE, chevalier de Saint-Louis, capitaine
attaché au service de l'infanterie, naquit le 23 juil.
1733 et fut baptisé le lendemain en la paroisse de
Courdevesque.

En 1749, il fit des preuves de noblesse pour être
élevé page du Roi dans sa Petite Ecurie, sous la
charge du marquis de Béringhen, premier écuyer
du Roi ; il y fut admis, après avoir obtenu du même
Louis-Pierre d'Hozier, le 18 juin 1749, un certificat
de noblesse conçu de la même façon que celui
obtenu par son frère, le 26 juin 1753, et que nous
venons de reproduire.

Il épousa *Louise* DALIS-GEFFRIÉE [1] dont il eut :

Adélaïde DE PRAËL, baptisée en la paroisse Saint-
Eustache de Paris, le 7 sept. 1758, morte à Paris,
le 3 pluviôse an II (22 janv. 1794) et qui épousa
religieusement, le 20 janv. 1779, à Longpont (Seine-
et-Oise), *Jean-Frédéric* PERREGAUX, négociant, demeurant à Paris, paroisse Saint-Eustache, fils

---

1. Ce nom est ainsi écrit dans les actes. Nous croyons qu'il faut
l'écrire d'Alix-Geffrier. Ces deux familles sont de la ville d'Orléans.
François Alix, doyen des conseillers du bailliage et siège présidial de
cette ville, fut anobli à Versailles, au mois de mars 1777, et, le 4 avril
suivant, ses armoiries furent ainsi réglées par Antoine-Marie d'Hozier de
Sérigny, juge d'armes de la noblesse de France : *d'azur au chevron d'or,
accompagné de trois aiglons d'argent, posés deux en chef et l'autre en
pointe.* (Bibl. Nat. *Nouveau d'Hozier* 6, cote 100).

Le 18 sept. 1778, Jean Geffrier poursuivait sa réception en l'office de
conseiller secrétaire du Roi Maison Couronne de France et de ses finances,
au lieu de Claude Douet. (Ibid. *Pièces originales* 1305, cote 29404).

La famille Geffrier, confirmée dans sa noblesse en mai 1820, a pour
armes : *de sable à un triangle d'or, chargé d'une rose de gueules, tigée et
feuillée de sinople ; à la bordure d'or.*

majeur de François-Frédéric Perregaux, lieutenant-colonel du département du Val-de-Ruz, et de Barbe-Suzanne de Brun, tous deux demeurant à Neu-châtel (Suisse). La future demeurait alors à Villiers-sur-Orge. Ce mariage eut lieu en présence de messire Jean-Philibert Quentin, chevalier, seigneur de Villiers-sur-Orge, capitaine· à la suite de la cavalerie, tuteur de la future ; de messire Louis-Guillaume Hallé, comte de Rouville, d'Alexandre de Bas, de Clément Belet, de Jean Juglin, directeur des Ecoles, et de Nicolas de la Marche.

La future avait obtenu, en la chancellerie du Palais à Paris, le 19 juil. 1777, des lettres de béné-fice d'âge, entérinées au Châtelet de Paris, le 19 sept. suivant. (Arch. Nat. Y. 5034). Elle fut la dernière représentante de l'ancienne et noble famille du ou de Praël dont nous venons d'énumé-rer les services.

Jean-Frédéric Perregaux était né à Neuchâtel, le 4 sept. 1744, et fut baptisé le 23. Il était, à l'époque de son mariage, agent de commerce helvétique à Paris ; il fut ensuite régent-fondateur et premier président de la Banque de France, membre du Sénat conservateur et commandeur de la Légion d'honneur ; il décéda à Viry-Châtillon (Seine-et-Oise), le 17 févr. 1808, et fut inhumé au Panthéon. Il eut de son mariage .

1º *Anne-Marie-Hortense* PERREGAUX, née à Paris, le 18 oct. 1779, morte à Paris, le 25 mai 1857, mariée à Paris, le 12 avril 1798, à *Auguste Louis* VIESSE DE MARMONT, duc de Raguse, maréchal de France, dont elle n'eut pas d'enfants.

2° *Adèle-Jeanne-Renée* Perregaux, née à Paris, le 13 février 1782, † le 25 févr. 1782.

3° *Alphonse*-Claude-Charles-Bernardin comte Perregaux, banquier, auditeur au Conseil d'Etat, chambellan de S. M. l'Empereur, créé comte par Napoléon, le 28 oct. 1808, chevalier de la couronne de Westphalie, officier de la Légion d'honneur, pair de France, né à Paris, le 29 mars 1785, † à Paris le 9 juin 1841 ; il épousa, le 20 novembre 1813, *Adèle*-Elisabeth Mac-Donald de Tarente fille du maréchal, née à Saint-Germain-en-Laye, le 31 janvier 1794, † à Paris le 15 novembre 1822. Il est l'auteur de la branche comtale de la famille Perregaux. [1]

La famille du Praël a formé une branche, celle des s^rs de Montaigny ou Montagny et Maubray, sur laquelle nous ne possédons que très peu de ren-

---

1. La famille de Perregaux, avantageusement connue dans le pays de Neuchâtel en Suisse dès le xiii° siècle, porte : *d'argent à trois chevrons de sable.* Ces armoiries furent concédées à Claude Perregaux par le seigneur de Valangin, entre 1566 et 1576. Elles furent confirmées dans les lettres de noblesse accordées par Alexandre Berthier, prince souverain de Neuchâtel et Valangin, à Bayonne, le 15 juin 1808, à Charles-Albert-Henri de Perregaux, frère cadet de Jean-Frédéric Perregaux ; confirmées également par les lettres de Napoléon Ier du 21 décembre 1808, créant comte Alphonse-Claude-Charles-Bernardin Perregaux ; par celles de Louis XVIII du 31 janv. 1816, enregistrées, le 11 mai de la même année, à la Cour Royale de Paris, confirmant le titre de baron à Alexandre-Charles de Perregaux, né le 21 oct. 1791, ex-officier supérieur des gardes du corps, lieutenant-colonel de la légion de l'Isère, et enfin par celles de Frédéric-Guillaume III, prince de Neufchâtel et roi de Prusse, transmettant, sans réserves, aux trois frères, Adolphe-Frédéric-Charles, Frédéric et Guillaume de Perregaux et à leur descendance des deux sexes, le titre de baron de leur oncle décédé, Alexandre-Charles baron de Perregaux, maréchal de camp et chef de l'Etat-major de l'armée d'Afrique, blessé mortellement devant Constantine et décédé en rade de Cagliari, le 6 novembre 1837. Seule la descendance de Frédéric de Perregaux subsiste encore aujourd'hui, à Neuchâtel en Suisse.

(Voir *Le Bulletin Héraldique de France* de 1895, col. 245-248 ; Bibl. Nat., *Collection Chérin* 212, *Enregistrement à la Cour Royale de Paris des lettres de duc, marquis, comte, etc., et des lettres de noblesse,* fol. 5 recto et 12 verso.)

seignements. Cette branche était représentée, vers 1780, par 1° Louis, dit le baron du Praël de Maubray, chevalier de Saint-Louis, père de Louise et de Charlotte du Praël ; 2° Louis-Maurice, dit le chevalier du Praël de Maubray, capitaine-commandant au Royal-Italien. (La Chesnaye-des-Bois, *Dictionnaire de la noblesse.*)

Marie-Julie du Praël de Maubray décéda à la Visitation de Caen, le 7 déc. 1713, à l'age de 73 ans. (Bibl. Nat., *Nouv. acq. franç.* 3617, n° 3039).

Le 6 février 1720, devant Nicolas de Sainte-Geneviève, notaire à Valognes, messire Julien de Laillier, docteur en Sorbonne, curé et official de Valognes, archidiacre du Cotentin, supérieur du séminaire de Valognes, confessa avoir reçu de Jean-François du Praël, écuyer, s^r de Montaigny, tuteur principal des enfants mineurs de Richard-François du Praël, écuyer, sieur de Maubray, et de dame Marie Pottier, la somme de 3364 livres pour remboursement, en principal, arrérages et prorata, de 150 livres de rente. (Original sur papier. Bibl. Nat. *Pièces originales* 2369, cote 52208, n° 4).

INDEX

DES NOMS DE PERSONNES
ET DE LOCALITÉS

Les noms de localités sont en italique.